VILLE DE CHAMBÉRY

ANNEXES AU TRAITÉ

DU 20 FÉVRIER 1911

POUR LE SERVICE

DE

L'Eclairage et du Chauffage

PAR LE GAZ

CHAMBÉRY

IMPRIMERIES RÉUNIES, 3, RUE LAMARTINE

1924

ANNEXES AU TRAITÉ

DU 20 FÉVRIER 1911

POUR LE SERVICE

DE

L'Eclairage et du Chauffage

PAR LE GAZ

CHAMBÉRY

IMPRIMERIES RÉUNIES, 3, RUE LAMARTINE

—

1924

AVENANT Nº 1
au Traité du 20 Février 1911

Entre les soussignés :

M. Lucien Chiron, Maire de la Ville de Chambéry, agissant en cette qualité, autorisé par délibération du Conseil municipal de cette Ville en date du 30 mars 1920,

D'une part ;

Et M. Vautier, Administrateur délégué de la Société « Compagnies réunies de Gaz et d'Electricité », Société anonyme au capital de 18.991.000 francs, dont le siège social est à Lyon, 13, rue Grôlée,

D'autre part ;

Il a été convenu ce qui suit :

ARTICLE PREMIER

A partir du 1er mars 1920, les prix du gaz inscrits à l'article 50 du cahier des charges seront fixés ainsi qu'il suit :

Pour l'éclairage et le chauffage, cinquante et un centimes (Fr. : 0,51) ;

Pour la force motrice et les usages industriels, le tarif décroissant suivant sera appliqué :

0,49 centimes le mètre cube, les douze cents premiers mètres cubes ;
0,48 centimes les 1,200 m. c. suivants ;
0,47 centimes les 1.200 m. c. suivants ;
0,46 centimes au delà.

consommés dans une année.

Art. 2

La fourniture du gaz à la Ville continuera d'être payée sur la base de 8 centimes le mètre cube, mais la quantité à livrer sera limitée à quatre cent cinquante mille mètres cubes pour la période du 1er mars 1920 au 30 septembre 1923.

Les Hospices civils, savoir : l'Hôtel-Dieu, la Charité et Saint-François, paieront le gaz à raison de quinze centimes le mètre cube, mais la quantité à livrer à ce prix sera limitée à cent mille mètres cubes pour la période du 1er mars 1920 au 30 septembre 1923. Les différences non consommées au 30 septembre 1923 ne pourront pas être reportées.

Art. 3

Les prix de gaz prévus à l'article 1er ci-dessus sont établis pour les conditions économiques actuelles caractérisées par les trois chiffres suivants :

Prix de revient de la tonne de charbon rendue à l'usine à gaz : 190 francs (cent quatre-vingt-dix francs) ;

Prix moyen de vente brut de la tonne de coke : 275 francs (deux cent soixante-quinze francs) ;

Salaire horaire moyen du personnel : 2 fr. 30 (deux francs trente centimes).

Il est expliqué que le taux du salaire horaire moyen est calculé sur l'ensemble du personnel (directeur non compris) ; il s'entend compte tenu des avantages accessoires tels que : allocations en nature, gratifications, logement, versements pour les assurances et les retraites, etc... Le chiffre exact résultant de la situation actuelle est un taux de salaire horaire moyen de 2 fr. 15 que les Compagnies réunies acceptent de porter à 2 fr. 30.

Art. 4

A partir du 1er octobre 1920, les différents prix du gaz fixés à l'article 1er seront révisables en fonction des prix du charbon, du coke et des salaires du semestre ou de l'année précédente, suivant que la révision sera semestrielle ou annuelle, conformément à ce qui est dit à l'article 5.

La variation des prix du gaz se fera suivant les règles suivantes :

· 1º Pour toute variation de 2 fr. 50 du prix de revient de la tonne de charbon rendue à l'usine à gaz au-dessus ou au-dessous de 190 fr., le prix du mètre cube de gaz sera augmenté ou diminué de un centime ;

2º Pour toute variation de 5 fr. du prix moyen de vente brut de la tonne de coke au-dessus ou au-dessous de 275 fr., le prix du gaz sera diminué ou augmenté de un centime ;

3º Pour toute variation de 0 fr. 10 du salaire horaire moyen au-dessus ou au-dessous de 2 fr. 30, le prix du gaz sera augmenté ou diminué de huit-dixièmes de centime.

Le prix du gaz en centimes sera donc donné par la formule suivante :

$$P = 51 + 0,40 \, (C - 190) - 0,20 \, (K - 275) + 8 \, (S - 2,30).$$

$P =$ prix du gaz en centimes.

$C =$ prix de revient de la tonne de charbon rendue à l'usine à gaz en francs.

$K =$ prix de vente brut du coke en francs.

$S =$ Salaire horaire moyen en francs.

Les prix du gaz résultant de cette révision ne devront en aucun cas être inférieurs à 22 centimes.

L'usine à gaz sera tenue de justifier par les documents comptables nécessaires les prix du charbon, du coke et du salaire horaire moyen dont il est question ci-dessus. En cas de désaccord, il sera procédé par voie d'arbitrage ainsi qu'il est prévu à l'article 50. En attendant la décision à intervenir, les majorations discutées seront néanmoins perçues par l'usine à gaz, mais elles seront portées à un compte spécial d'attente dont les Compagnies réunies deviennent comptables et responsables jusqu'au jour où ce compte provisionnel sera finalement réglé selon la solution amiable ou judiciaire à intervenir.

Art. 5

La première révision des prix aura lieu à la fin du mois de septembre 1920 en prenant pour base les prix de charbon, du coke et des salaires du semestre écoulé. A partir de cette époque, il est prévu une révision annuelle, le 1er octobre 1921, et une autre, le 1er octobre 1922. Le prix du gaz sera ainsi fixé d'après les principes ci-dessus jusqu'au 1er octobre 1923. Il est, toutefois, prévu qu'à la fin de chaque semestre, c'est-à-dire le 1er avril des années 1921 et 1922, on procédera à une évaluation des prix du gaz en fonction des prix du coke, du charbon et des salaires du semestre précédent ; si de cette évaluation il résulte une variation de prix du gaz supérieure à cinq centimes, la révision semestrielle sera opérée, sinon on se contentera de la révision annuelle devant avoir lieu six mois plus tard.

Art. 6

Le prix du gaz est ainsi fixé jusqu'au 1er octobre 1923 ; à partir de cette date, si les parties ne sont pas d'accord pour continuer de fixer le prix du gaz suivant ce qui a été dit ci-dessus, chaque partie reprendra sa liberté d'action et se trouvera dans la même situation qu'à la conclusion du présent accord. Toutefois, en attendant une solution amiable ou judiciaire du litige, les prix du gaz qui seront appliqués seront ceux résultant de la convention présente.

Art. 7

Toutes les dispositions du traité du 20 février 1911 qui ne sont pas contraires aux présentes conventions conservent leur plein et entier effet.

Art. 8

Les prix de location et d'entretien des compteurs prévus à l'article 53 seront portés, à partir du 1er mars 1920, aux prix respectifs de 9 fr., 10 fr. 20 et 12 fr. 60 payables par mensualités de 0 fr. 75 pour les compteurs 5 becs ; 0 fr. 85 pour les compteurs 7 becs ; 1 fr. 05 pour les compteurs 10 becs.

Art. 9

Les frais d'enregistrement du présent accord sont à la charge des Compagnies réunies de Gaz et d'Electricité.

Fait double à Lyon, le 28 avril 1920.

Lu et approuvé :

Le Concessionnaire,

Théodore VAUTIER.

Lu et approuvé :

Le Maire de Chambéry,

Lucien CHIRON.

Vu et approuvé :

Chambéry, le 4 mai 1920.

Pour le Préfet,

Le Secrétaire Général :

NARDINI.

AVENANT N° 2
au Traité du 20 Février 1911

Entre les soussignés :

M. Lucien Chiron, Maire de la Ville de Chambéry, agissant tant en cette qualité qu'en celle de Président de la Commission administrative des Hospices civils, en vertu d'une délibération de la Commission administrative des Hospices civils, en date du 4 mars 1922, et d'une délibération du Conseil municipal, en date du 26 mai 1922,

D'une part ;

Et M. Théodore Vautier, Administrateur délégué de la Société dite « Compagnies réunies de Gaz et d'Electricité », Société anonyme au capital de 19.741.000 francs, dont le siège social est à Lyon, 13, rue Grôlée,

D'autre part ;

Il a été convenu ce qui suit :

ARTICLE PREMIER

A partir du 1er janvier 1921, par modification à l'article 2 de l'avenant du 28 avril 1920, la fourniture du gaz aux Hospices civils de Chambéry (Hôtel-Dieu, Hôpital Saint-François, Hospice de la Charité) sera payée au tarif général, c'est-à-dire au prix payé par les abonnés ordinaires, au lieu d'être payée au tarifs pécial prévu à cet article 2.

ART. 2

A titre de contre-partie, les Compagnies réunies de Gaz et d'Electricité verseront, avant le 1er février de chaque année, dans la Caisse du Bureau d'assistance de la Ville de Chambéry, un subside fixé à la différence entre le montant des sommes encaissées l'année précédente au titre des fournitures de gaz faites aux Hospices civils et celui qui aurait été perçu si le gaz avait été facturé comme prévu à l'article 2 de l'avenant de 1920.

Art. 3

La présente convention ne sera valable que jusqu'à la fin du régime institué par l'avenant du 28 avril 1920, c'est-à-dire jusqu'au 1er octobre 1923 exclusivement.

Art. 4

Les frais de timbre et d'enregistrement du présent accord sont à la charge des Compagnies réunies de Gaz et d'Electricité.

Art. 5

Le présent accord ne sera applicable qu'après approbation préfectorale.

Fait en triple exemplaire à Chambéry, l'an mil neuf cent vingt-deux et le neuf juin.

Lu et approuvé :	Lu et approuvé :
Le Concessionnaire,	*Le Maire de Chambéry,*
Théodore VAUTIER.	Lucien CHIRON.

Vu et approuvé :

Chambéry, le 23 juin 1922.

Pour le Préfet :

Le Secrétaire général,

NARDINI.

Reçu en mairie le 15 août 1922.

Pour le Maire :

L'Adjoint délégué,

Noël MOLLARD.

Enregistré à Chambéry (A. C.), folio 72, case 13, le vingt-huit août 1922. Reçu six francs.

AVENANT N° 3
au Traité du 20 Février 1911

Entre les soussignés :

M. Lucien Chiron, Maire de la Ville de Chambéry, agissant en cette qualité, en vertu d'une délibération du Conseil municipal de cette Ville, en date du 14 février 1924,

D'une part ;

Et M. Théodore Vautier, Administrateur délégué de la Société « Compagnies réunies de Gaz et d'Electricité », Société anonyme au capital de 28.325.800 francs, dont le siège social est à Lyon, 13, rue Grôlée,

D'autre part ;

Il a été convenu ce qui suit :

Par un traité en date du 20 février 1911, la Ville de Chambéry a concédé à la Société anonyme d'Eclairage et de Chauffage par le gaz de la Ville de Chambéry, aux droits de laquelle s'est substituée la Société « Compagnies réunies de Gaz et d'Electricité », le droit exclusif de distribuer du gaz sur le territoire de la commune de Chambéry, jusqu'au 1er mai 1939.

En raison du bouleversement économique né de la guerre, les parties ont signé, le 28 avril 1920, un avenant à ce traité réglant le prix de vente du gaz jusqu'au 1er octobre 1923.

Un second avenant, en date du 9 juin 1922, a, en outre, modifié les conditions de fourniture du gaz aux Hospices civils.

Les parties, désirant régler maintenant leurs relations réciproques jusqu'à la fin de la concession en cours, décident ce qui suit :

Article premier

Les avenants du 28 avril 1920 et 9 juin 1922 sont prorogés jusqu'à la fin de la concession.

Art. 2

Les prix du gaz résultant de l'application de la formule de l'article 4 de l'avenant du 28 avril 1920 seront majorés de 10 %, à partir du 1er janvier 1924.

Par contre, les « Compagnies réunies de Gaz et d'Electricité » acceptent de remplacer le texte du premier alinéa de l'article 13 du Traité du 20 février 1911 par le suivant :

« Le gaz distribué, quelles que soient sa composition et la « nature des produits employés à sa fabrication, aura un pouvoir « calorifique moyen (eau condensée) de 4.250 calories K. D. par « mètre cube de gaz, le volume étant ramené à 15° et à la pression « de 760 mm. Ce pouvoir calorifique ne devra jamais tomber au « dessous de 4.200 calories K. D. »

En outre, contrairement à ce qui est dit à l'article 15 du Traité, le gaz devra être tenu dans les conduites, — à partir de 5 heures, du 1er avril au 30 septembre, à partir de 5 h. 30, du 1er octobre au 31 mars et jusqu'à 22 heures — sous une pression qui ne devra pas descendre au-dessous de 40 mm. d'eau dans le centre de la Ville et de 30 mm. aux extrémités du réseau.

Durant le reste de la nuit, ces pressions pourront être réduites respectivement de 5 mm.

Art. 3

La fourniture du gaz à la Ville de Chambéry, au prix de 8 centimes le mètre cube, est limitée à 130.000 mètres cubes par an.

La fourniture du gaz aux Hospices civils, réglementée par l'avenant du 9 juin 1922, est limitée à 30.000 mètres cubes par an.

Art. 4

Les prix résultant de l'application de la formule, majorés de 10 %, seront arrondis au centime, toute fraction égale ou supérieure à cinq millimes étant comptée pour un centime et toute fraction inférieure à cinq millimes étant négligée.

ART. 5

A partir du 1er janvier 1924, les prix de vente du gaz seront fixés chaque semestre, d'après les prix moyens du charbon, du coke et du salaire horaire du semestre précédent d'un mois le semestre d'application, de façon que la Ville ait le temps nécessaire pour vérifier ces trois prix moyens que la Compagnie sera tenue de justifier avec pièces comptables à l'appui.

Si la révision qui doit se faire le 1er juillet de chaque année conduit à une variation de prix inférieure à cinq centimes, elle n'aura pas lieu et la révision se fera seulement le 1er janvier suivant en prenant les prix moyens de l'année précédente, compte tenu du décalage d'un mois.

ART. 6

La formule du prix du gaz ne tient compte que du prix de vente brut du coke. Il est convenu que si, par suite des progrès de la science, la valeur des sous-produits devenait beaucoup plus grande que celle actuelle par rapport aux prix des charbons, on pourrait prendre pour le terme K de la formule le prix moyen de vente net de tous les sous-produits (coke, poussier, goudron, etc.).

ART. 7

Le prix de vente du mètre cube aux particuliers est fixé à 55 centimes pour la période s'étendant du 1er janvier au 30 juin 1924. Le prix du gaz du semestre suivant sera fixé en prenant pour base les prix du charbon, du coke et de la main d'œuvre pendant le semestre commençant le 1er décembre 1923 et finissant le 31 mai 1924, et ainsi de suite, sauf si la révision ne doit être qu'annuelle, ainsi qu'il est dit à l'article 5 ci-dessus.

ART. 8

La présente convention ne deviendra définitive qu'après approbation préfectorale.

Toutes les dispositions du traité du 20 février 1911 et des avenants du 28 avril 1920 et 9 juin 1922 qui ne sont pas contraires à la présente convention conservent leur plein et entier effet.

Art. 9

Les frais de timbre et d'enregistrement de la présente convention, ainsi que son impression à 200 exemplaires au format et dans les mêmes caractères que la convention du 20 février 1911, sont à la charge des Compagnies Réunies de Gaz et d'Electricité.

Fait à triple original, à Chambéry, l'an mil neuf cent vingt-quatre et le dix mars.

Lu et approuvé :
*L'Administrateur délégué
des Compagnies réunies de Gaz
et d'Electricité,*

Théodore VAUTIER.

Lu et approuvé :
Le Maire de Chambéry,
Lucien CHIRON.

Vu et approuvé :
Chambéry, le 31 mars 1924.
Pour le Préfet :
Le Secrétaire général,
NARDINI.

Enregistré à Chambéry A. C. fol. 101, case 708, le 11 décembre 1924, reçu dix-huit francs.

9 782329 203751